Impressum
Verlag: BABADADA GmbH, Nedderfeld 112 , 22529 Hamburg
Geschäftsführer / Verlagsleitung: Harald Hof
Druck: Books on Demand GmbH, In de Tarpen 42, 22848 Norderstedt

Imprint
Publisher: BABADADA GmbH, Nedderfeld 112 , 22529 Hamburg, Germany
Managing Director / Publishing direction: Harald Hof
Print: Books on Demand GmbH, In de Tarpen 42, 22848 Norderstedt, Germany

класна кімната
trieda

ділити
deliť

186/2

дошка
tabuľa

шкільний двір
školský dvor

вчитель
učiteľ

папір
papier

писати
písať

ручка
pero

письмовий стіл
písací stôl

лінійка
pravítko

книга
kniha

учень
žiak

ранець
školská taška

пенал
peračník

олівець
ceruza

точило
strúhadlo na ceruzky

гумка
guma

альбом для малювання
skicár

малюнок

kresba

пензель

štetec

коробка фарб

vodové farby

ножиці

nožnice

клей

lepidlo

зошит

cvičný zošit

домашнє завдання

domáca úloha

число

číslo

2+2

додавати

sčítať

5-2

віднімати

odčítať

2×2

множити

násobiť

рахувати

počítať

A

літера

písmeno

ABCDEFG HIJKLMN OPQRSTU VWXYZ

абетка

abeceda

слово

slovo

текст

text

читати

čítať

крейда

krieda

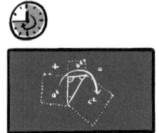

година

hodina

класний журнал

triedna kniha

екзамен

skúška

диплом

certifikát

шкільна форма

školská uniforma

освіта

vzdelanie

лексикон

encyklopédia

університет

univerzita

мікроскоп

mikroskop

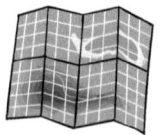

карта

mapa

кошик для паперу

kôš na papier

подорож

cesta

готель
hotel
турбаза
nocľaháreň
ROOMS
Grand
EXCHANGE
обмінний пункт
zmenáreň
валіза
kufor
автомобіль
auto

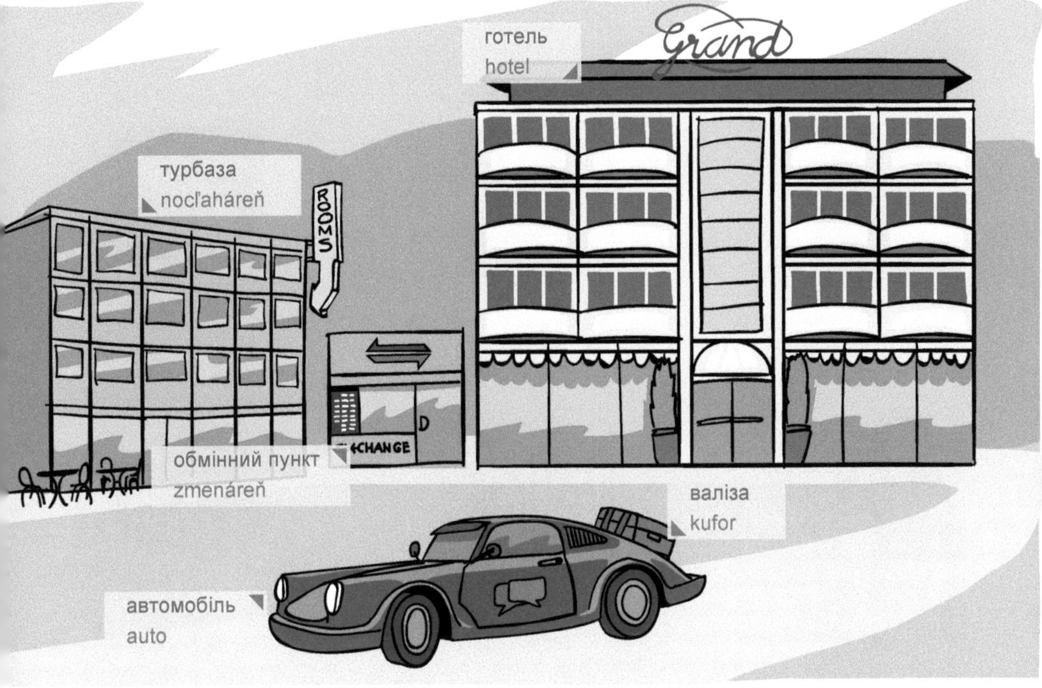

мова

jazyk

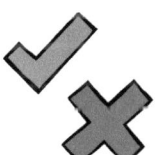

так / ні

áno/nie

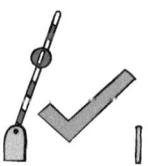

добре

v poriadku

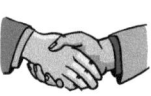

привіт

ahoj

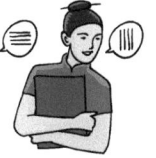

перекладач

prekladateľ

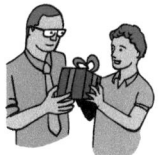

дякую

ďakujem

Скільки коштує ...?

Koľko stojí ... ?

Я не розумію

Nerozumiem

проблема

problém

Добрий вечір!

Dobrý večer!

Доброго ранку!

Dobré ráno!

На добраніч!

Dobrú noc!

До побачення

Dovidenia

напрямок

smer

багаж

batožina

сумка

taška

рюкзак

batoh

гість

hosť

кімната

izba

спальний мішок

spacák

намет

stan

туристична інформація

informácie pre turistov

пляж

pláž

кредитна картка

kreditná karta

сніданок

raňajky

обід

obed

вечеря

večera

квиток

cestovný lístok

ліфт

výťah

поштова марка

poštová známka

межа

hranica

митниця

clo

посольство

veľvyslanectvo

віза

vízum

паспорт

cestovný pas

транспорт
doprava

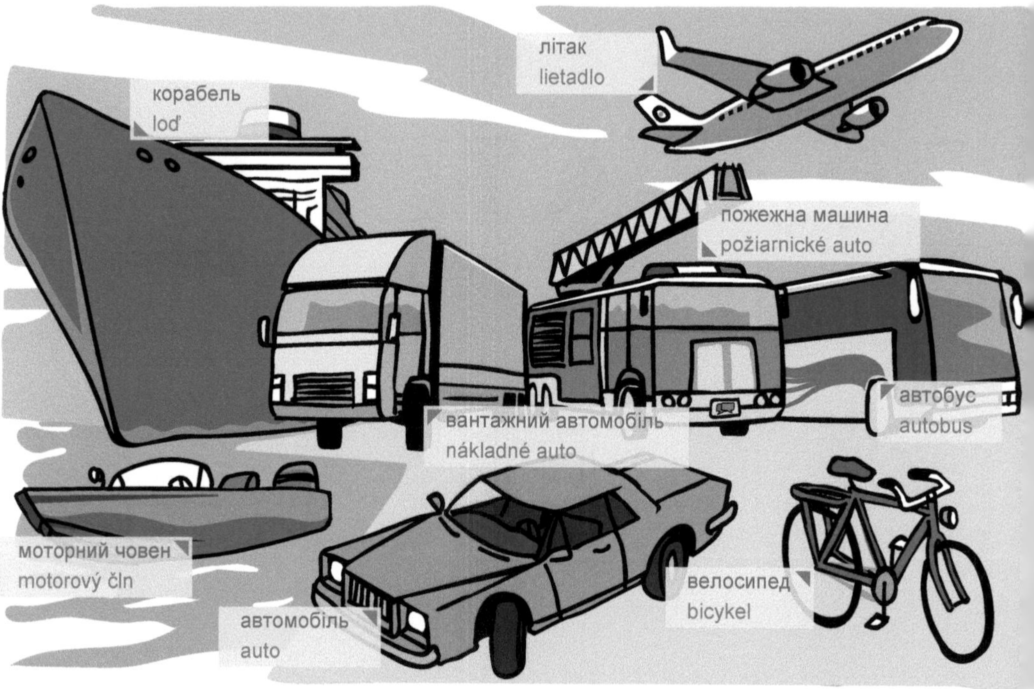

корабель
loď

літак
lietadlo

пожежна машина
požiarnické auto

вантажний автомобіль
nákladné auto

автобус
autobus

моторний човен
motorový čln

велосипед
bicykel

автомобіль
auto

пором

trajekt

човен

loď

мотоцикл

motorka

поліцейська машина

policajné auto

гоночний автомобіль

pretekárske auto

автомобіль на прокат

vozidlo z požičovne

спільне користування авто

carsharing

евакуатор

odťahové auto

сміттєвоз

smetiarske auto

двигун

motor

паливо

benzín

автозаправна станція

čerpacia stanica

дорожній знак

dopravná značka

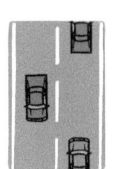

рух

premávka

затор

zápcha

стоянка

parkovisko

вокзал

vlaková stanica

рейки

trate

потяг

vlak

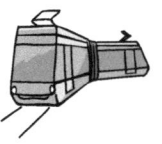

трамвай

električka

вагон

vagón

гелікоптер

helikoptéra

аеропорт

letisko

вежа

veža

пасажир

pasažier

контейнер

kontajner

коробка

kartón

візок

vozík

кошик

kôš

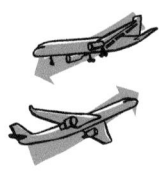

стартувати / приземлятися

štartovať / pristáť

місто

mesto

село

dedina

центр міста

centrum mesta

дім

dom

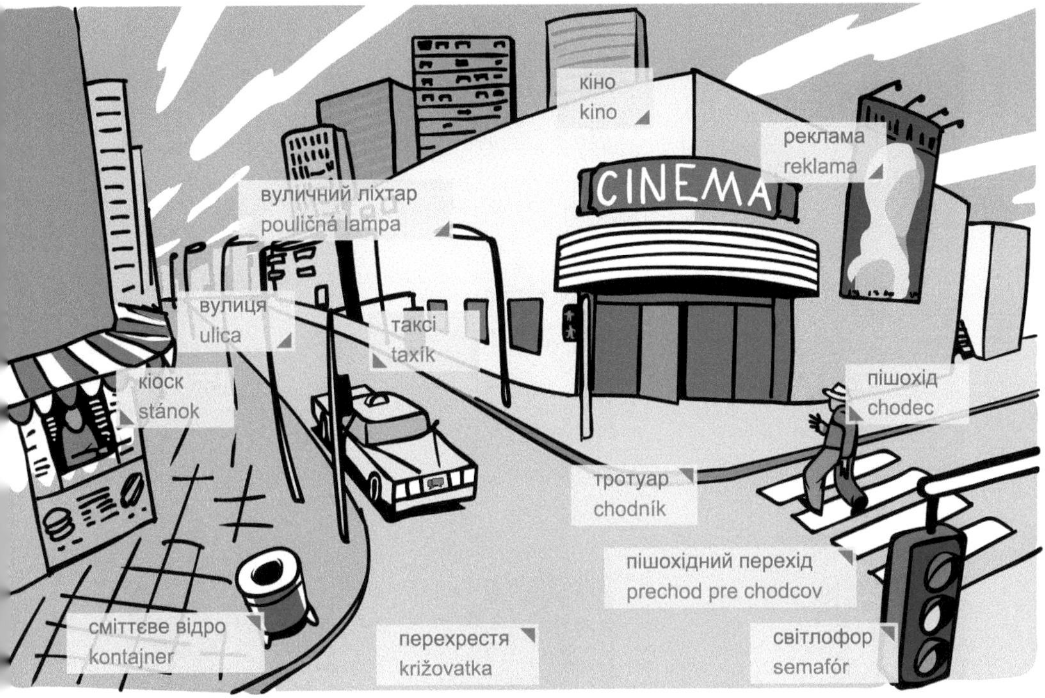

кіно
kino
реклама
reklama
CINEMA
вуличний ліхтар
pouličná lampa
вулиця
ulica
таксі
taxík
кіоск
stánok
пішохід
chodec
тротуар
chodník
пішохідний перехід
prechod pre chodcov
сміттєве відро
kontajner
перехрестя
križovatka
світлофор
semafór

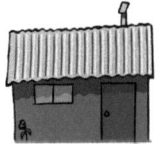

хатина

chata

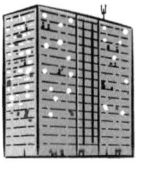

квартира

byt

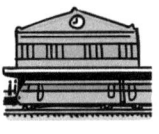

вокзал

vlaková stanica

ратуша

radnica

MUSEUM

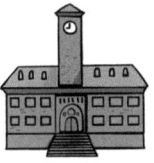

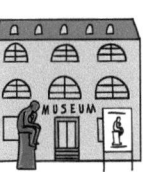

музей

múzeum

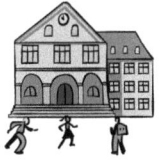

школа

škola

університет

univerzita

банк

banka

лікарня

nemocnica

готель

hotel

аптека

lekáreň

офіс

kancelária

книжковий магазин

kníhkupectvo

магазин

obchod

квітковий магазин

kvetinárstvo

супермаркет

supermarket

ринок

trh

універмаг

obchodný dom

торговець рибою

obchodník s rybami

торговельний центр

nákupné stredisko

гавань

prístav

парк

park

лава

lavička

міст

most

сходи

schody

метро

metro

тунель

tunel

автобусна зупинка

autobusová zastávka

бар

bar

ресторан

reštaurácia

поштова скринька

poštová schránka

вулична табличка

tabuľa s názvom ulice

лічильник паркування

parkovacie hodiny

зоопарк

ZOO

басейн

plaváreň

мечеть

mešita

ферма

farma

забруднення навколишнього середовища

znečisťovanie životného prostredia

кладовище

cintorín

церква

kostol

дитячий майданчик

ihrisko

храм

chrám

ландшафт

terén

листок
list

вказівний стовп
smerová tabuľa

шлях
cesta

луг
lúka

камінь
kameň

дерево
strom

мандрівник
turista

річка
rieka

трава
tráva

квітка
kvet

долина
dolina

гора
kopec

озеро
jazero

ліс
les

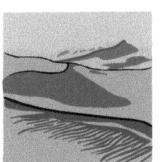

пустеля
púšť

вулкан
vulkán

замок
zámok

веселка
dúha

гриб
hríb

пальма
palma

комар
komár

муха
mucha

мурашка
mravec

бджола
včela

павук
pavúk

жук
chrobák

жаба
žaba

вивірка
veverička

їжак
jež

заєць
zajac

сова
sova

птах
vták

лебідь
labuť

кабан
diviak

олень
jeleň

лось
los

гребля
hrádza

вітряк
veterná turbína

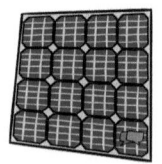

сонячний модуль
solárny panel

клімат
podnebie

ресторан
reštaurácia

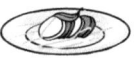

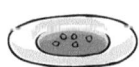

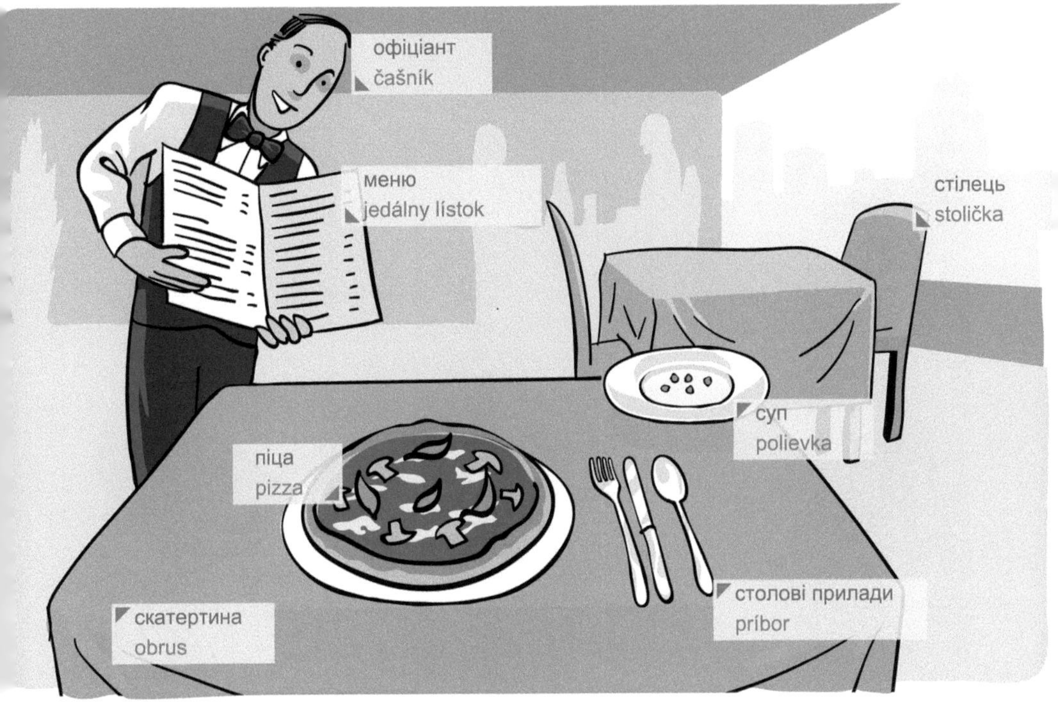
офіціант
čašník
меню
jedálny lístok
стілець
stolička
суп
polievka
піца
pizza
столові прилади
príbor
скатертина
obrus

закуска

predjedlo

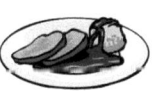

друга страва

hlavné jedlo

десерт

zákusok

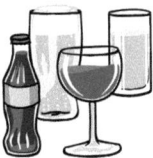

напої

nápoje

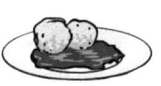

їжа

jedlo

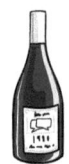

пляшка

fľaša

фаст-фуд

fast-food

вулична їжа

street food

чайник

kanvica na čaj

цукорниця

cukornička

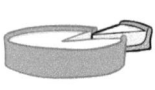

порція

porcia

еспресо-машина

stroj na espresso

високий стільчик

detská stolička

рахунок

účet

піднос

podnos

ніж

nôž

вилка

vidlička

ложка

lyžica

чайна ложка

čajová lyžička

серветка

obrúsok

склянка

pohár

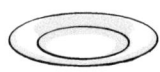

тарілка

tanier

тарілка для супу

hlboký tanier

блюдце

podšálka

соус

omáčka

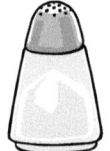

солонка

soľnička

млин для перцю

mlynček na korenie

оцет

ocot

масло

olej

спеції

korenie

кетчуп

kečup

гірчиця

horčica

майонез

majonéza

супермаркет

supermarket

пропозиція
špeciálna ponuka
FOR
клієнт
klient
молочні продукти
mliečne výrobky
фрукти
ovocie
візок для покупок
nákupný vozík

BUTCHERS

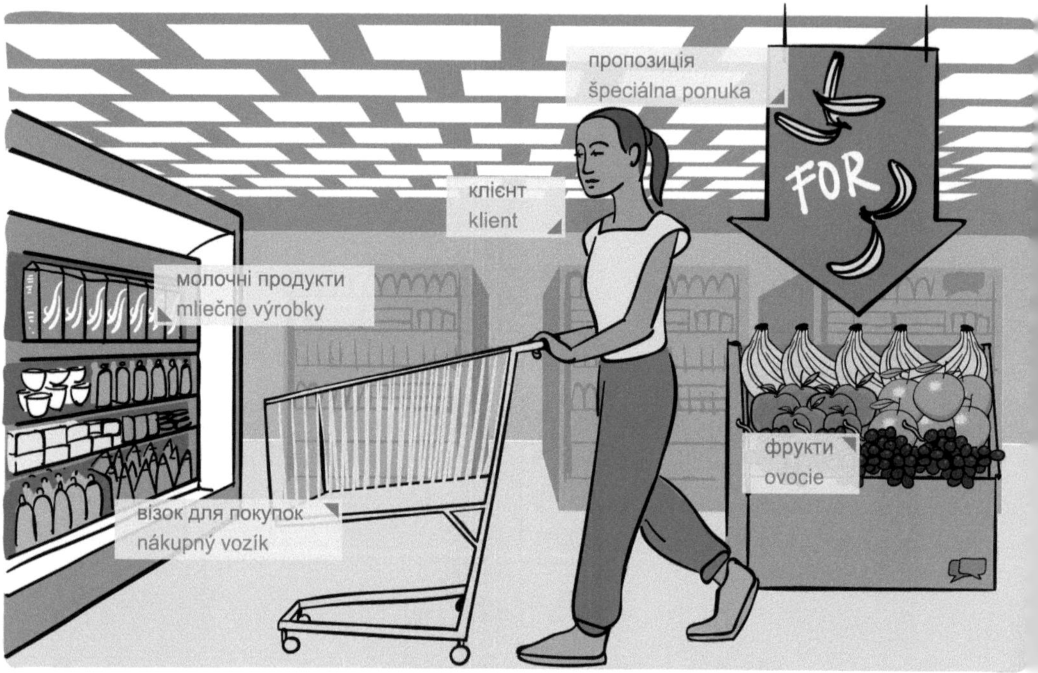

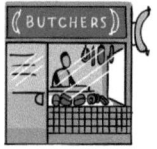

м'ясний магазин

mäsiarstvo

BAKERY

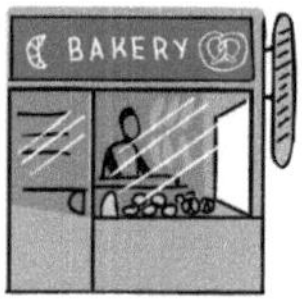

пекарня

pekáreň

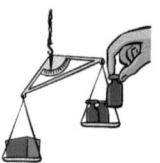

зважувати

vážiť

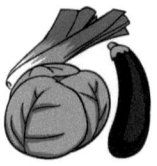

овочі

zelenina

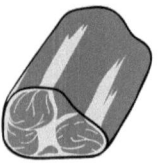

м'ясо

mäso

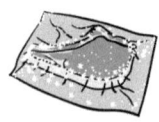

заморожені продукти

mrazené potraviny

ковбасна нарізка

nárez

консерви

konzervy

пральний порошок

prací prostriedok

солодощі

sladkosti

предмети домашнього побуту

domáce potreby

мийний засіб

čistiace prostriedky

продавщиця

predavačka

каса

pokladňa

касир

pokladník

список покупок

nákupný zoznam

часи роботи

otváracie hodiny

гаманець

peňaženka

кредитна картка

kreditná karta

сумка

taška

поліетиленовий пакет

plastové vrecko

напої

nápoje

вода

voda

сік

džús

молоко

mlieko

кола

kola

вино

víno

пиво

pivo

алкоголь

alkohol

какао

kakao

чай

čaj

кава

káva

еспресо

espresso

капучіно

kapučíno

банан

banán

яблуко

jablko

апельсин

pomaranč

кавун

melón

лимон

citrón

морква

mrkva

часник

cesnak

бамбук

bambus

цибуля

cibuľa

гриб

hríb

горішки

orechy

локшина

rezance

спагеті

špagety

рис

ryža

салат

šalát

картопля фрі

hranolky

смажена картопля

pečené zemiaky

піца

pizza

гамбургер

hamburger

бутерброд

obložený chlebík

шніцель

rezeň

шинка

šunka

салямі

saláma

ковбаса

klobása

курка

kurča

печеня

pečené mäso

риба

ryba

вівсяні пластівці

ovsené vločky

мюслі

müsli

кукурудзяні пластівці

kukuričné lupienky

борошно

múka

круасан

croissant

булочка

pečivo

хліб

chlieb

тостовий хліб

hrianka

печиво

sušienky

масло

maslo

сир

tvaroh

пиріг

koláč

яйце

vajce

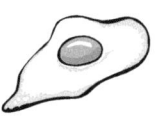

яєчня

volské oko

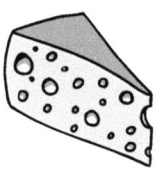

сир

syr

морозиво

zmrzlina

цукор

cukor

мед

med

мармелад

lekvár

нуга-крем

nugátová nátierka

карі

karí korenie

ферма

farma

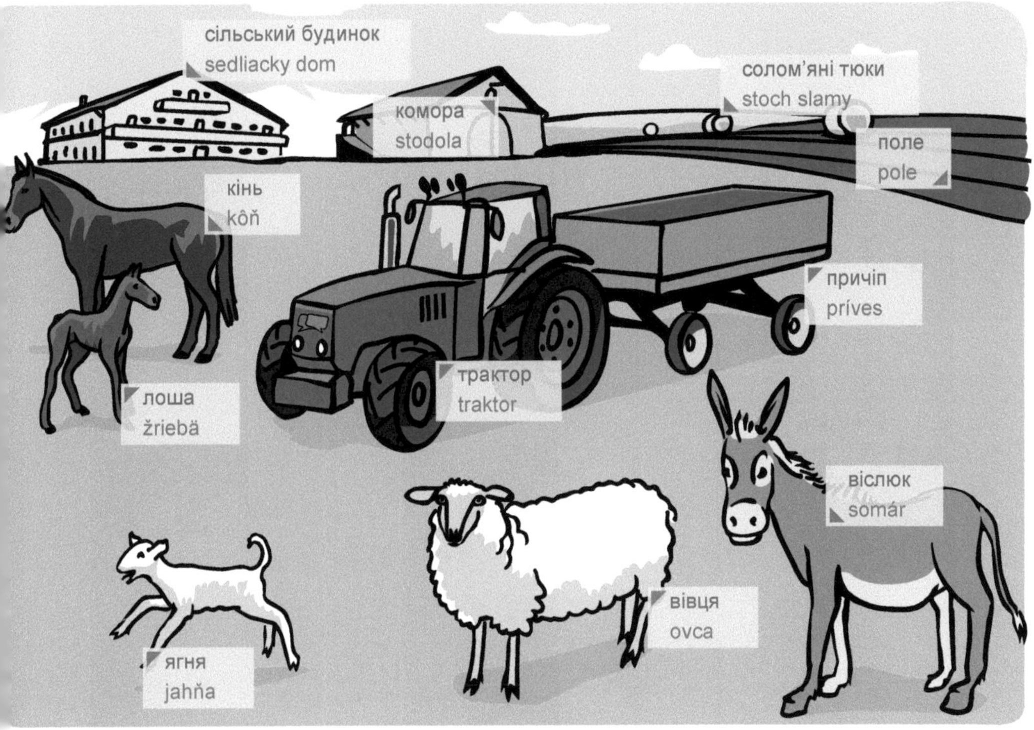

сільський будинок
sedliacky dom
комора
stodola
солом'яні тюки
stoch slamy
поле
pole
кінь
kôň
причіп
príves
трактор
traktor
лоша
žriebä
віслюк
somár
вівця
ovca
ягня
jahňa

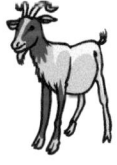

коза

koza

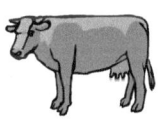

корова

krava

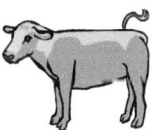

теля

teľa

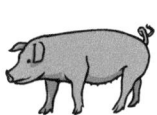

свиня

prasa

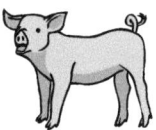

порося

prasiatko

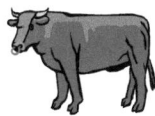

бик

býk

гусак

hus

качка

kačica

курча

kuriatko

курка

sliepka

півень

kohút

щур

potkan

кіт

mačka

миша

myš

віл

vôl

собака

pes

собача будка

psia búda

садовий шланг

záhradná hadica

лійка

krhla

коса

kosa

плуг

pluh

серп

kosák

мотика

motyka

вила

vidly na hnoj

сокира

sekera

тачка

fúrik

корито

koryto

бідон молока

kanva na mlieko

мішок

vrece

паркан

plot

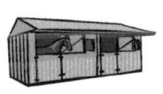

хлів

maštaľ

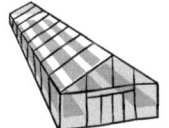

теплиця

skleník

ґрунт

pôda

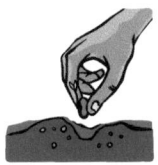

насіння

osivo

добриво

hnojivo

комбайн

kombajn

пожинати

žať

урожай

žatva

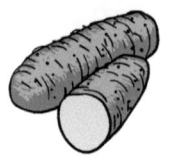

корінь ямсу

batát

пшениця

pšenica

соя

sója

картопля

zemiak

кукурудза

kukurica

ріпак

repka

плодове дерево

ovocný strom

маніок

maniok

злаки

obilie

димохід
komín

дах
strecha

водостічний лоток
dažďový odkvap

вікно
okno

гараж
garáž

дзвінок
zvonček

двері
dvere

відро для сміття
odpadkový kôš

поштова скринька
poštová schránka

сад
záhrada

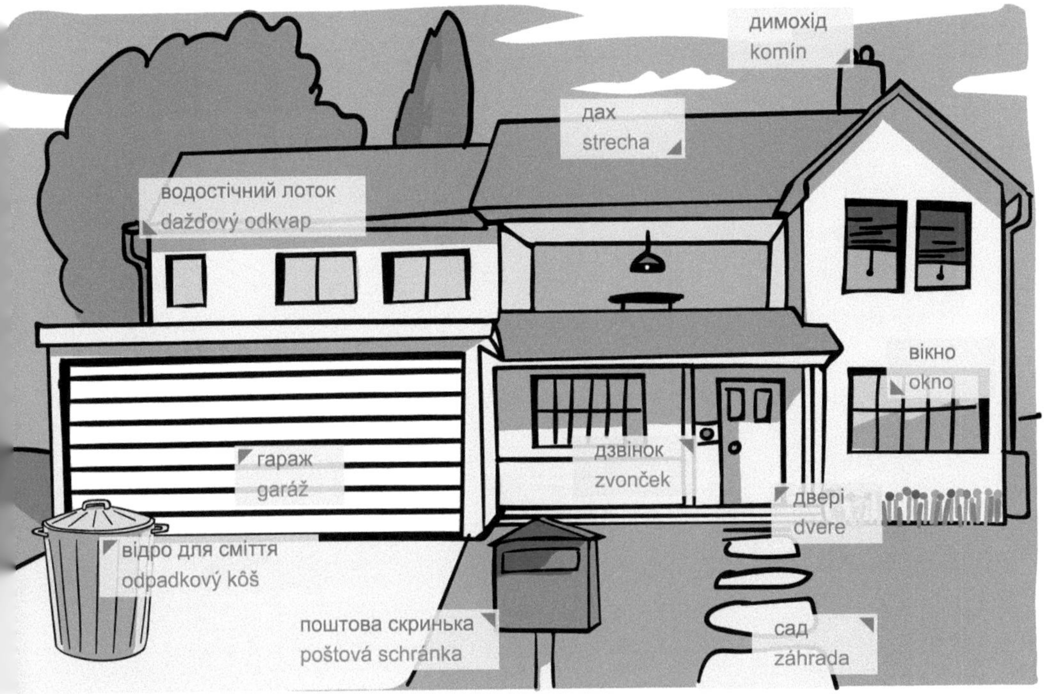

вітальня

obývačka

ванна кімната

kúpeľňa

кухня

kuchyňa

спальня

spálňa

дитяча кімната

detská izba

їдальня

jedáleň

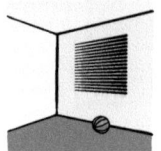

підлога

podlaha

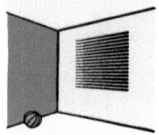

стіна

stena

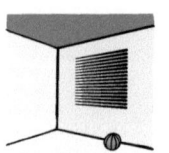

стеля

strop

підвал

pivnica

сауна

sauna

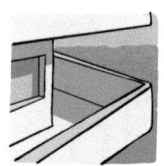

балкон

balkón

тераса

terasa

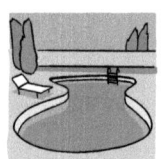

басейн

bazén

косарка

kosačka

простирало

obliečka

ковдра

posteľná prikrȳvka

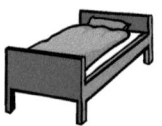

ліжко

posteľ

мітла

metla

відро

vedro

перемикач

vypínač

вітальня
obývačka

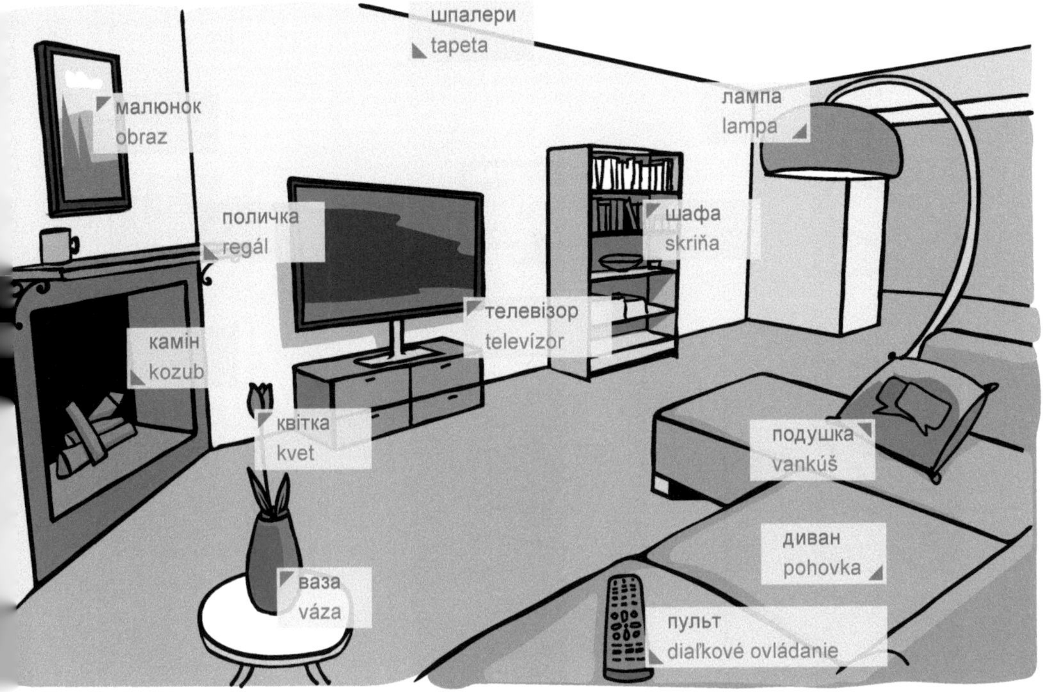
шпалери
tapeta
малюнок
obraz
лампа
lampa
полички
regál
шафа
skriňa
телевізор
televízor
камін
kozub
квітка
kvet
подушка
vankúš
диван
pohovka
ваза
váza
пульт
diaľkové ovládanie

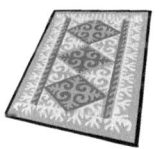

килим

koberec

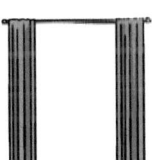

завіса

záclona

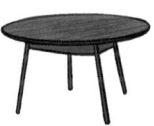

стіл

stôl

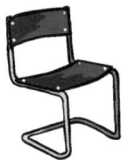

стілець

stolička

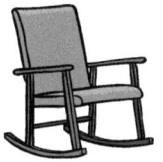

крісло-гойдалка

hojdacie kreslo

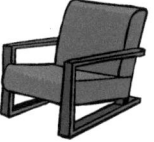

крісло

kreslo

книга

kniha

ковдра

prikrývka

прикраса

dekorácia

дрова

drevo na kúrenie

фільм

film

стереосистема

hi-fi veža

ключ

kľúč

газета

noviny

картина

maľba

плакат

plagát

радіо

rádio

блокнот

zápisník

пилосос

vysávač

кактус

kaktus

свічка

sviečka

кухня
kuchyňa

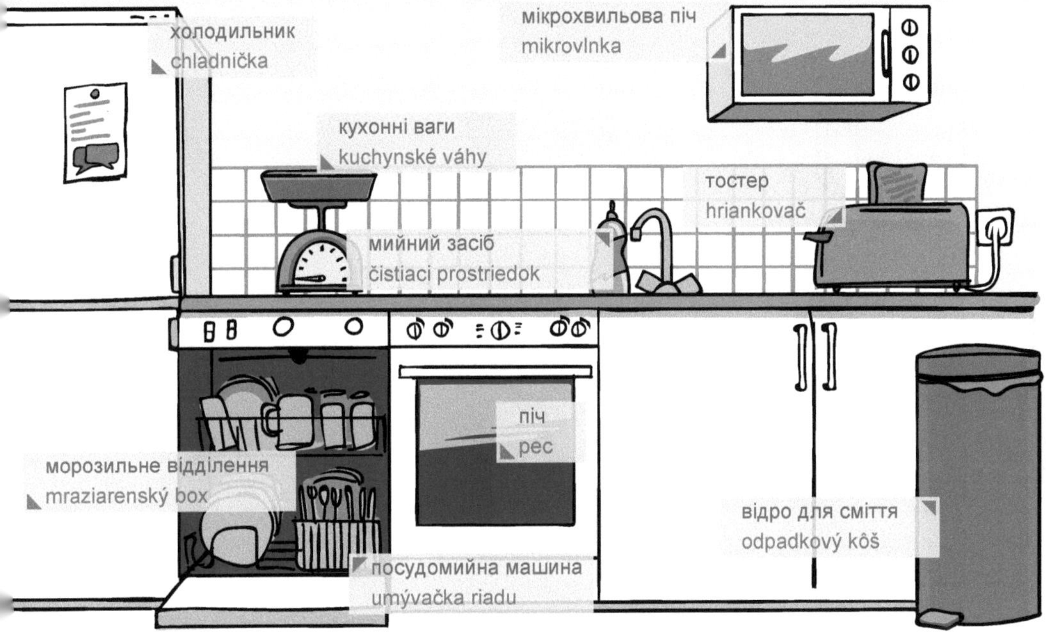

холодильник
chladnička
мікрохвильова піч
mikrovlnka
кухонні ваги
kuchynské váhy
тостер
hriankovač
мийний засіб
čistiaci prostriedok
піч
pec
морозильне відділення
mraziarenský box
відро для сміття
odpadkový kôš
посудомийна машина
umývačka riadu

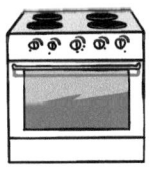

плита

sporák

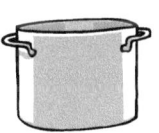

горщик

hrniec

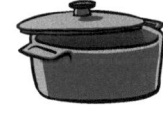

чавунний горщик

železný hrniec

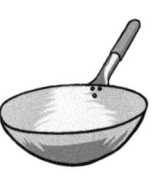

вок / кадай

wok / kadai

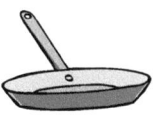

сковорода

panvica

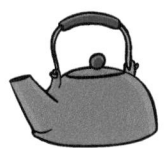

чайник

rýchlovarná kanvica

пароварка

parný hrniec

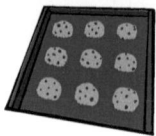

лист

plech na pečenie

посуд

riad

кухоль

pohár

чаша

misa

палички для їжі

paličky

черпак

naberačka na polievku

лопатка

stierka

вінчик для збивання

metlička

сито

cedidlo

сито

sitko

терка

strúhadlo

ступка

mažiar

барбекю

gril

багаття

ohnisko

дошка

doska na krájanie

качалка

valček na cesto

штопор

vývrtka

конзерва

konzerva

відкривачка

otvárač na konzervy

прихватки

chňapka

раковина

výlevka

щітка

kefa

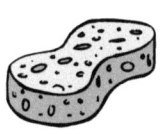

губка

hubka

міксер

mixér

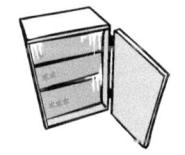

морозильна камера

mraznička

дитяча пляшка

kojenecká fľaša

кран

vodovodný kohútik

ванна кімната
kúpeľňa

душ
sprcha
опалення
kúrenie
рушник
uterák
душова завіса
sprchový záves
пiниста ванна
pena do kúpeľa
ванна
vaňa
склянка
pohár
пральна машина
práčka
кран
vodovodný kohútik
плитка
dlaždice
горшок
nočník
раковина
výlevka

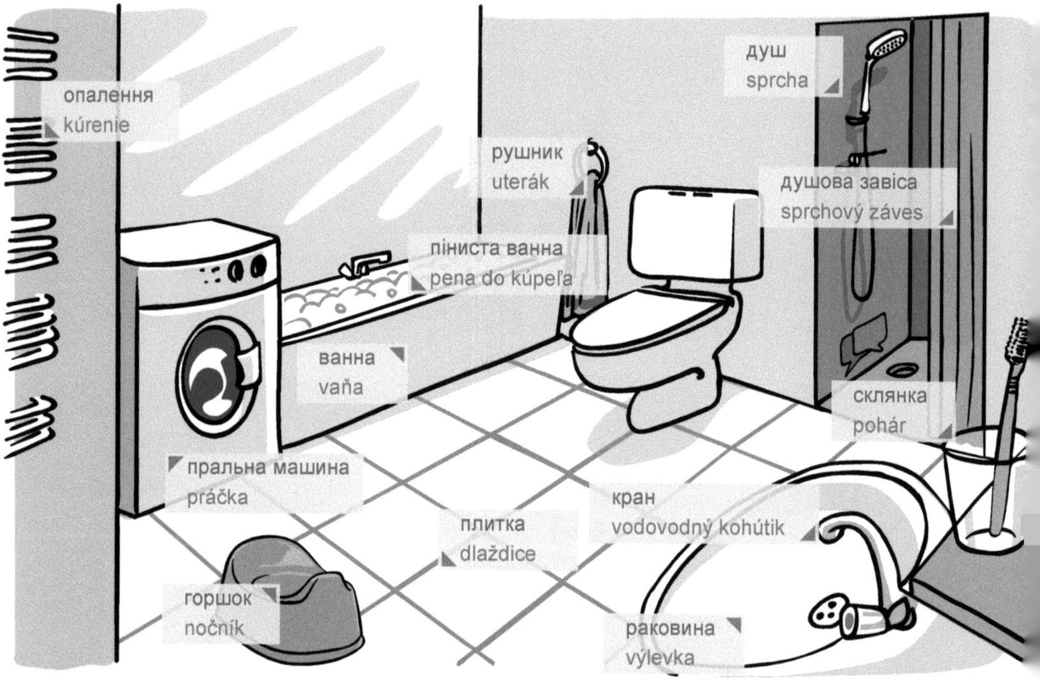

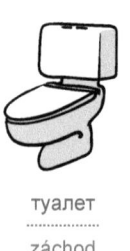

туалет

záchod

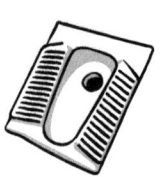

підлоговий туалет

suchý záchod

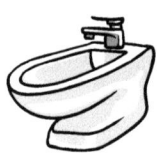

біде

bidet

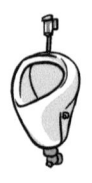

пісуар

pisoár

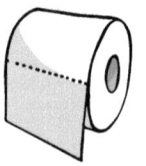

туалетний папір

toaletný papier

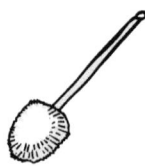

щітка для туалету

záchodová kefa

зубна щітка

zubná kefka

зубна паста

zubná pasta

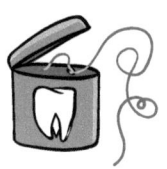

нитка для чищення зубів

dentálna niť

мити

umývať

ручний душ

ručná sprcha

інтимний душ

sprcha pre intímnu hygienu

таз

umývadlo

щітка для спини

kefa na chrbát

мило

mydlo

гель для душу

sprchový gél

шампунь

šampón

мочалка

frotírová rukavica

водостік

odtok

крем

krém

дезодорант

dezodorant

дзеркало

zrkadlo

косметичне дзеркало

kozmetické zrkadlo

бритва

žiletka

піна для гоління

pena na holenie

лосьйон після гоління

voda po holení

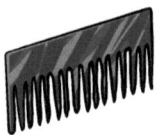

гребінь

hrebeň

щітка

kefa

фен

sušič vlasov

лак для волосся

sprej na vlasy

косметика

make-up

губна помада

rúž

лак для нігтів

lak na nechty

вата

vata

ножиці для нігтів

nožnice na nechty

парфум

parfum

косметичка

kozmetická taška

ваги

váha

халат

kúpací plášť

гумові рукавички

gumové rukavice

тампон

tampón

гігієнічні прокладки

menštruačná vložka

біотуалет

chemické WC

дитяча кімната
detská izba

будильник
budík
м'яка іграшка
plyšová hračka
іграшковий автомобіль
hračkárske auto
брязкальце
hrkálka
ляльковий будиночок
domček pre bábiky
подарунок
dar

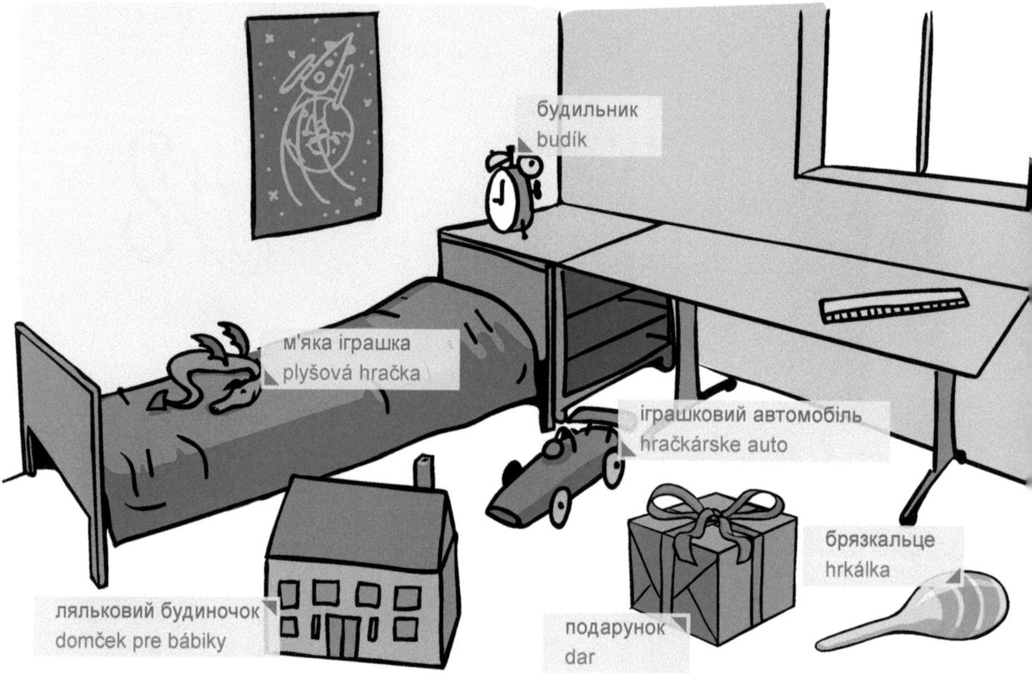

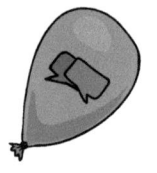

повітряна кулька

balón

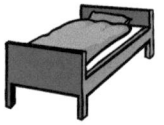

ліжко

posteľ

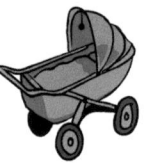

дитячий візок

detský kočík

картярська гра

karty

пазл

puzzle

SUPER MEGA

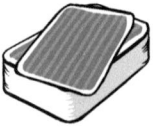

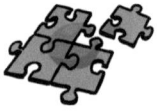

комікс

komix

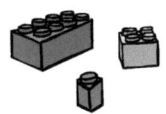

лего цеглинки

skladačka lego

блоки

stavebnica

іграшкова фігурка

akčná postavička

повзунки

dupačky

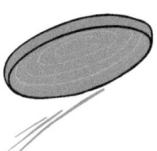

фризбі

lietajúci tanier

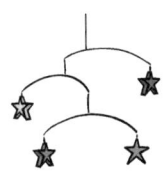

мобіле

závesné hračky

настільна гра

stolová hra

кубик

kocka

модель залізнична станція

modelový vláčik

соска

cumlík

вечірка

párty

книжка з картинками

obrázková kniha

м'яч

lopta

лялька

bábika

грати

hrať sa

пісочниця

pieskovisko

гойдалка

hojdačka

іграшка

hračky

гральна консоль

hracia konzola

триколісний велосипед

trojkolka

плюшевий мішка

medvedík

шафа

šatník

ОДЯГ

šatstvo

шкарпетки

ponožky

панчохи

pančuchy

колготки

pančuchové nohavičky

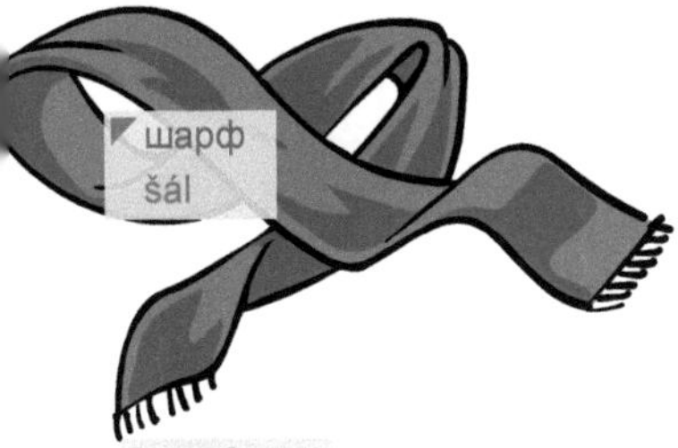

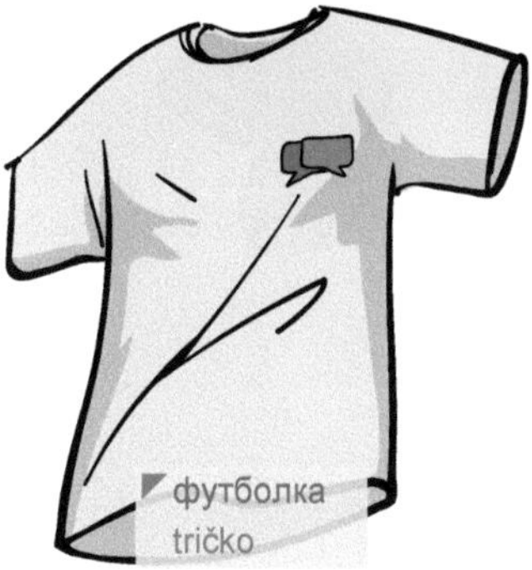

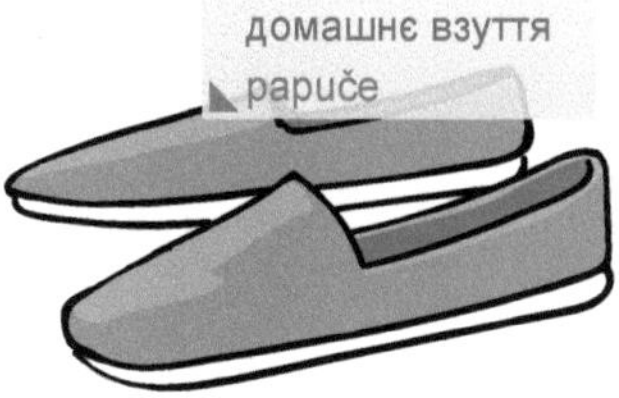

шарф
šál

ремінь
opasok

парасоля
dáždnik

футболка
tričko

чоботи
čižmy

домашнє взуття
papuče

кросівки
tenisky

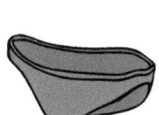

сандалі
sandále

взуття
topánky

гумові чоботи
gumáky

труси
spodky

бюстгальтер
podprsenka

нижня сорочка
tielko

одяг - šatstvo

45

боді
body

штани
nohavice

джинси
džínsy

спідниця
sukňa

блузка
blúzka

сорочка
košeľa

пуловер
pulóver

светр
sveter

піджак
blejzer

куртка
bunda

пальто
kabát

дощовик
pršiplášť

костюм
kostým

сукня
šaty

весільна сукня
svadobné šaty

костюм

oblek

нічна сорочка

nočná košeľa

піжама

pyžamo

сарі

sari

головна хустка

šatka na hlavu

чалма

turban

бурка

burka

кафтан

kaftan

абая

abaja

купальник

dvojdielne plavky

плавки

plavky

шорти

šortky

тренувальний костюм

tepláková súprava

фартух

zástera

рукавички

rukavice

гудзик

gombík

окуляри

okuliare

браслет

náramok

ланцюг

retiazka

кільце

prsteň

сережка

náušnica

шапка

čiapka

плічка

vešiak

капелюх

klobúk

краватка

kravata

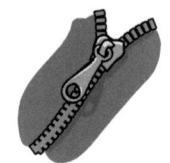

застібка-блискавка

zips

шолом

prilba

підтяжки

traky

шкільна форма

školská uniforma

уніформа

uniforma

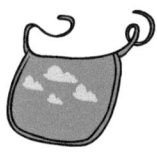

нагрудник

podbradník

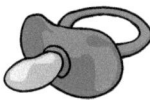

соска

cumlík

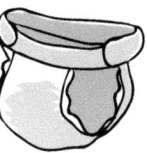

підгузок

plienka

офіс
kancelária

сервер
server
шаф для документів
skriňa na spisy
принтер
tlačiareň
папір
papier
монітор
monitor
миша
myš
письмовий стіл
písací stôl
папка
zakladač
синтезатор
klávesnica
стілець
stolička
кошик для паперу
kôš na papier
комп'ютер
počítač

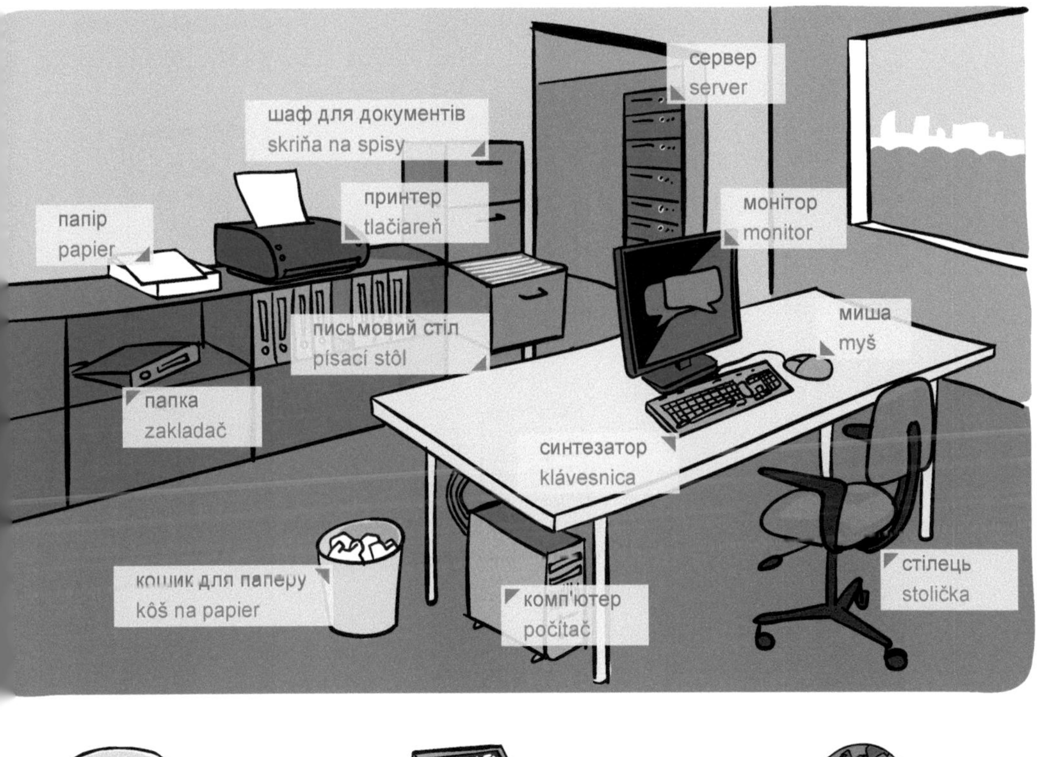

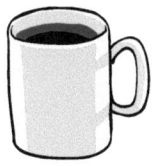

кавовий кухоль

hrnček na kávu

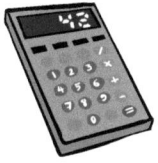

калькулятор

kalkulačka

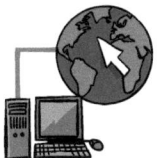

інтернет

internet

ноутбук

laptop

лист

list

повідомлення

správa

мобільний телефон

mobil

мережа

sieť

копіювальний пристрій

kopírka

програмне забезпечення

softvér

телефон

telefón

розетка

elektrická zásuvka

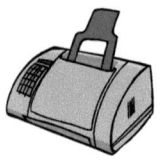

факс

fax

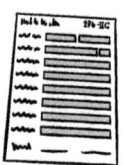

бланк

formulár

документ

doklad

купувати

kúpiť

платити

platiť

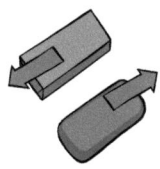

торгувати

obchodovať

гроші

peniaze

долар

dolár

євро

euro

ієна

jen

рубль

rubeľ

франк

švajčiarsky frank

юанів женьміньбі

čínsky jüan

рупія

rupia

банкомат

bankomat

обмінний пункт

zmenáreň

золото

zlato

срібло

striebro

нафта

ropa

енергія

energia

ціна

cena

контракт

zmluva

податок

daň

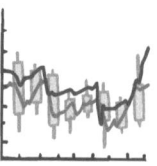

акція

akcia

працювати

pracovať

працівник

zamestnanec

роботодавець

zamestnávateľ

фабрика

továreň

магазин

obchod

професії

povolania

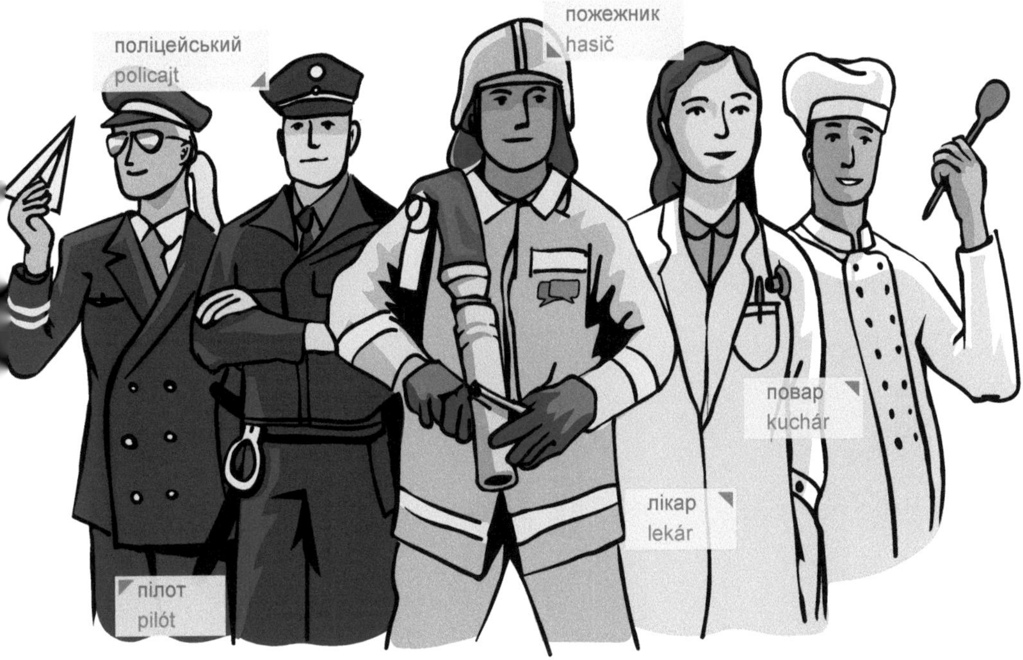
поліцейський
policajt
пожежник
hasič
повар
kuchár
лікар
lekár
пілот
pilót

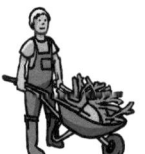

садівник

záhradník

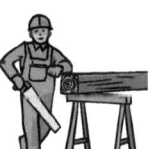

столяр

stolár

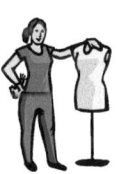

швачка

krajčírka

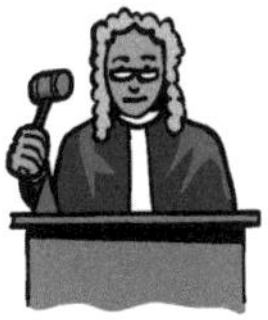

суддя

sudca

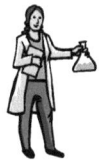

хімік

chemik

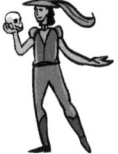

актор

herec

водій автобуса

vodič autobusu

таксист

taxikár

рибалка

rybár

прибиральниця

upratovačka

покрівельник

pokrývač

офіціант

čašník

мисливець

poľovník

художник

maliar

пекар

pekár

електрик

elektrikár

будівельник

stavebný robotník

інженер

inžinier

забійник

mäsiar

бляхар

klampiar

листоноша

poštár

солдат

vojak

архітектор

architekt

касир

pokladník

флорист

kvetinár

перукар

kaderník

кондуктор

sprievodca

механік

mechanik

капітан

kapitán

дантист

zubár

вчений

vedec

рабин

rabín

імам

imám

монах

mních

пастор

farár

інструменти
náradie

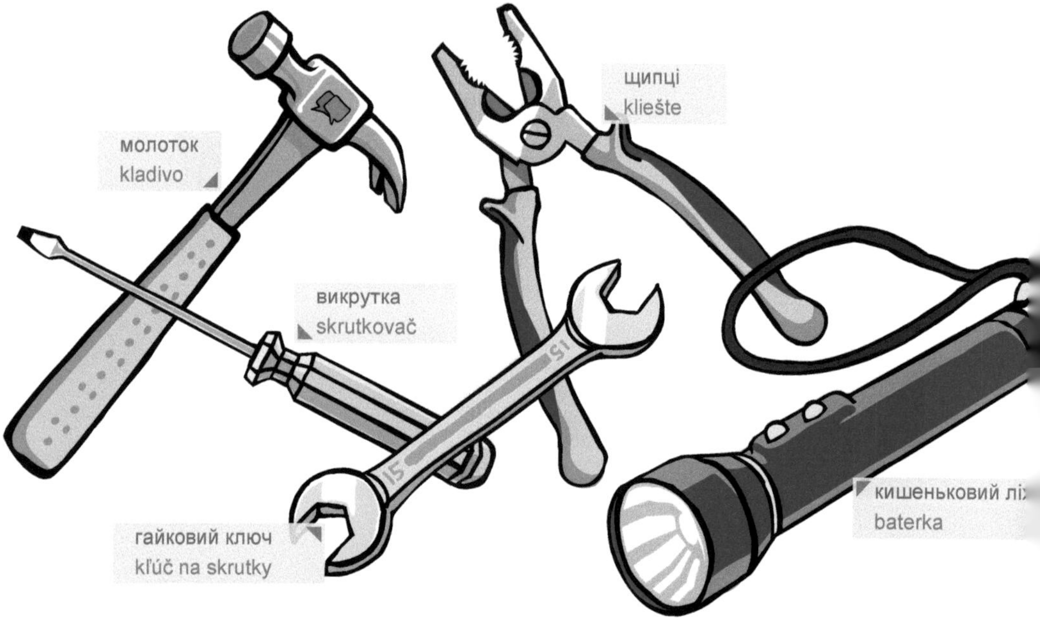
молоток
kladivo
щипці
kliešte
викрутка
skrutkovač
гайковий ключ
kľúč na skrutky
кишеньковий лі
baterka

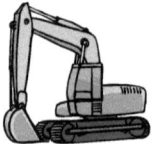

екскаватор

bager

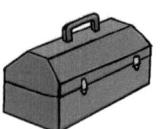

ящик для інструментів

súprava náradia

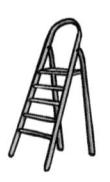

драбина

rebrík

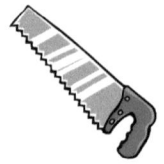

пилка

pílka

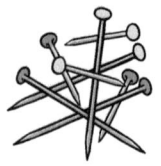

цвяхи

klince

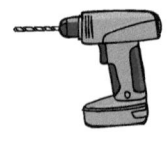

свердло

vrták

ремонтувати

opraviť

лопата

lopata

лайно!

Do čerta!

совок

lopatka na smeti

відро з фарбою

nádoba s farbou

гвинти

skrutky

ударна установка
bicie

динамік
reproduktor

гітара
gitara

контрабас
kontrabas

труба
trúbka

фортепіано

klavír

скрипка

husle

бас

basa

литаври

tympany

барабан

bubon

клавіатура

klávesnica

саксофон

saxofón

флейта

flauta

мікрофон

mikrofón

зоопарк
ZOO

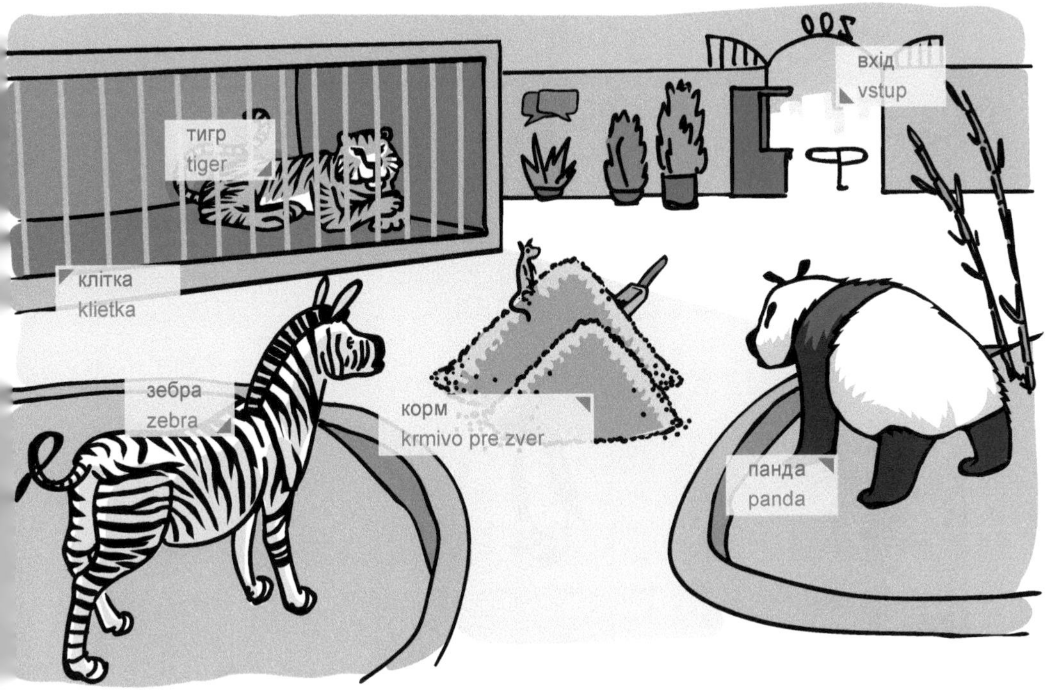
вхід
vstup
тигр
tiger
клітка
klietka
зебра
zebra
корм
krmivo pre zver
панда
panda

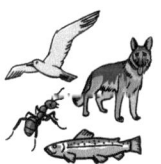

тварини

zvieratá

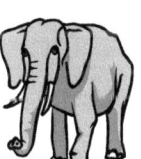

слон

slon

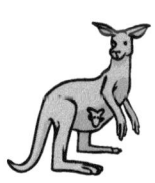

кенгуру

klokan

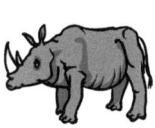

носоріг

nosorožec

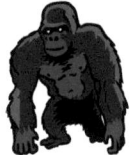

горила

gorila

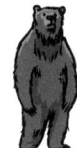

ведмідь

medveď

верблюд

ťava

страус

pštros

лев

lev

мавпа

opica

фламінго

plameniak

папуга

papagáj

білий ведмідь

ľadový medveď

пінгвін

tučniak

акула

žralok

павич

páv

змія

had

крокодил

krokodíl

працівник зоопарку

ošetrovateľ v ZOO

тюлень

tuleň

ягуар

jaguár

поні

poník

леопард

leopard

гіпопотам

hroch

жираф

žirafa

орел

orol

кабан

diviak

риба

ryba

черепаха

korytnačka

морж

mrož

лисиця

líška

газель

gazela

зоопарк - ZOO

американський футбол
americký futbal

їзда на велосипеді
cyklistika

теніс
tenis

баскетбол
basketbal

плавання
plávanie

бокс
box

хокей
hokej

футбол
futbal

бадмінтон
bedminton

легка атлетика
ľahká atletika

гандбол
hádzaná

лижні перегони
lyžovanie

поло
pólo

стрибати
skočiť

сміятися
smiať sa

обіймати
objať

йти
chodiť

співати
spievať

мріяти
snívať

молитися
modliť sa

цілувати
pobozkať

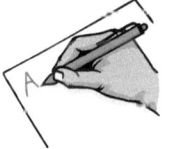

писати

písať

малювати

kresliť

показувати

ukázať

тиснути

tlačiť

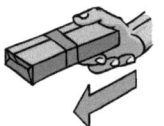

давати

dať

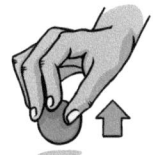

брати

brať

мати
маť

робити
robiť

бути
byť

стояти
stáť

бігати
bežať

тягнути
ťahať

кидати
hádzať

падати
padnúť

лежати
ležať

очікувати
čakať

носити
nosiť

сидіти
sedieť

одягати
obliecť sa

спати
spať

просипатися
zobudiť sa

дивитися

pozerať

плакати

plakať

гладити

hladkať

розчісувати

česať

розмовляти

hovoriť

розуміти

rozumieť

питати

pýtať sa

слухати

počuť

пити

piť

їсти

jesť

прибирати

upratať

любити

milovať

варити

variť

їхати

jazdiť

літати

letieť

дії - aktivity

йти під вітрилом

plachtiť

рахувати

počítať

читати

čítať

вчитися

učiť sa

працювати

pracovať

одружуватися

oženiť

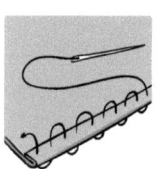

шити

šiť

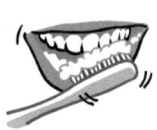

чистити зуби

čistiť zuby

убивати

zabiť

курити

fajčiť

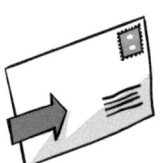

посилати

poslať

сім'я
rodina

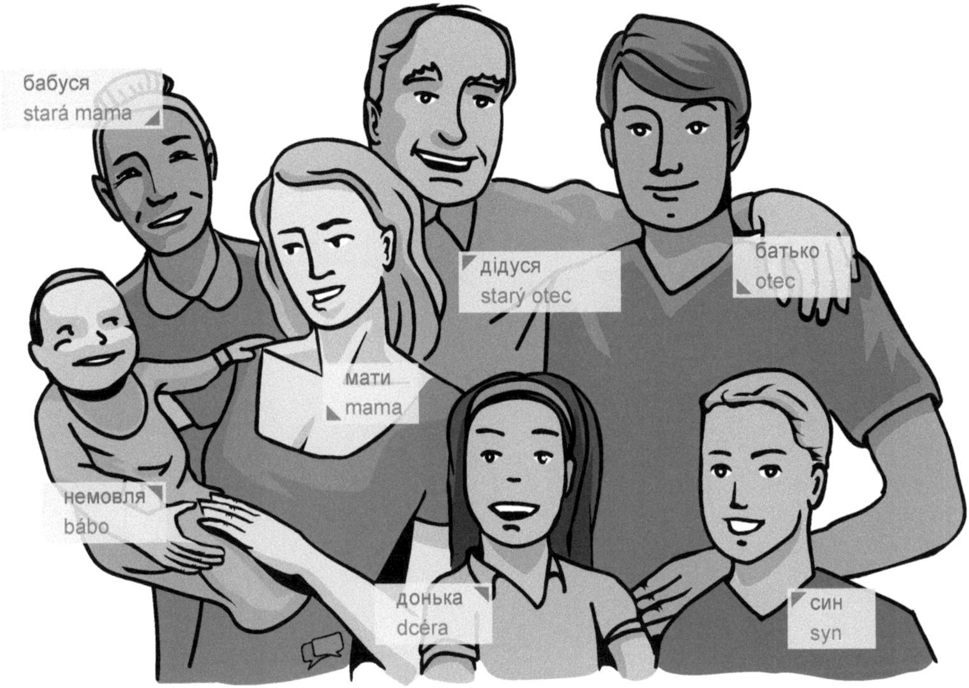
бабуся
stará mama
дідуся
starý otec
батько
otec
мати
mama
немовля
bábo
донька
dcéra
син
syn

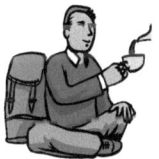

гість

hosť

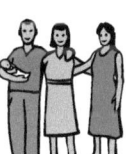

тітка

teta

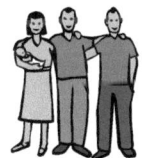

дядько

strýko

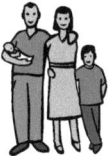

брат

brat

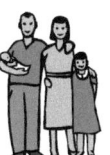

сестра

sestra

тіло

telo

чоло
čelo
око
oko
плече
plece
палець
prst
обличчя
tvár
підборіддя
brada
кисть
ruka
нога
noha
груди
hruď
рука
rameno

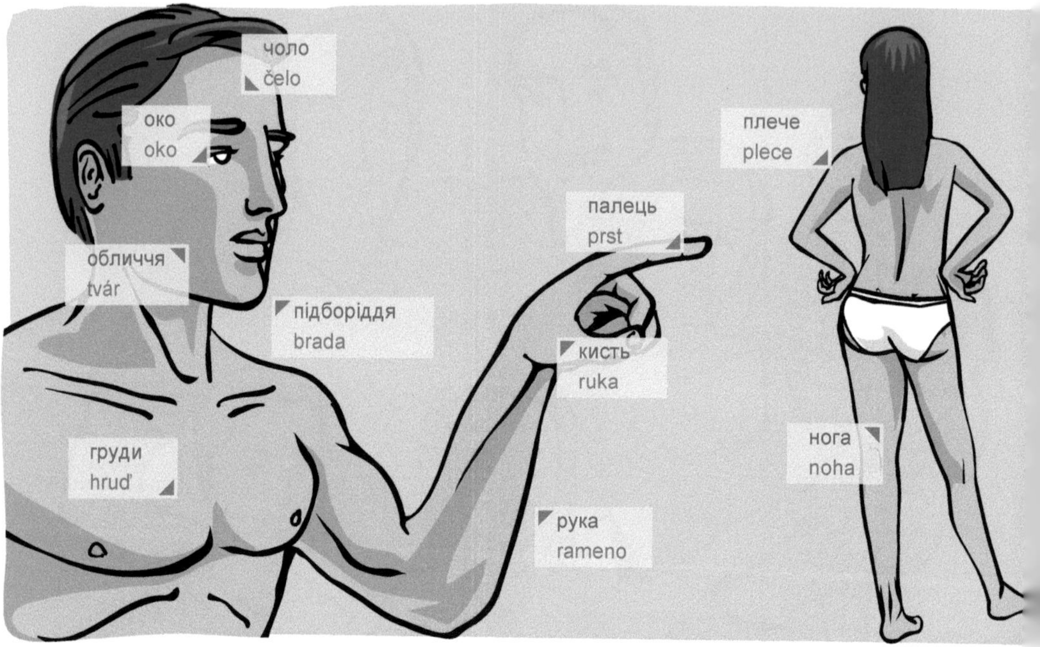

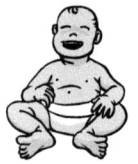

немовля

bábo

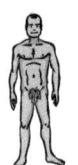

чоловік

muž

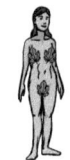

жінка

žena

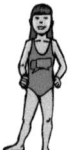

дівчина

dievča

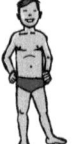

хлопчик

chlapec

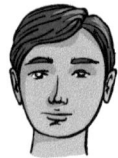

голова

hlava

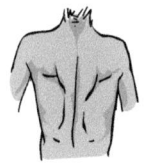

спина

chrbát

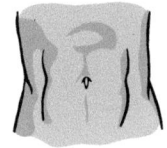

живіт

brucho

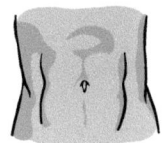

пуп

pupok

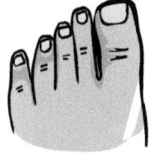

палець ноги

prst na nohe

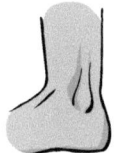

п'ята

päta

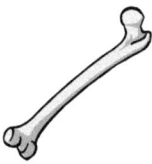

кістка

kosť

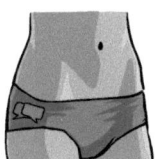

стегно

bok

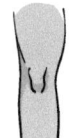

коліно

koleno

лікоть

lakeť

ніс

nos

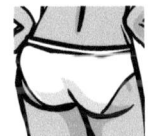

сідниці

zadok

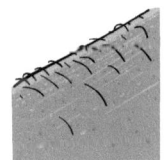

шкіра

koža

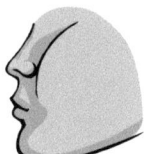

щока

líce

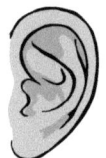

вухо

ucho

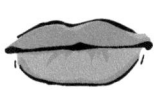

губа

pery

тіло - telo

рот

ústa

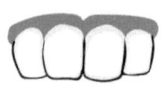

зуб

zub

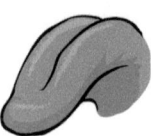

язик

jazyk

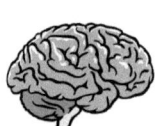

мозок

mozog

серце

srdce

м'яз

svaly

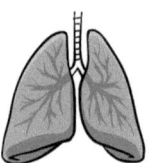

легені

pľúca

печінка

pečeň

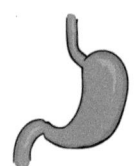

шлунок

žalúdok

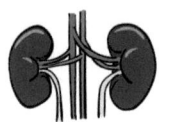

нирки

obličky

статевий акт

pohlavný styk

презерватив

kondóm

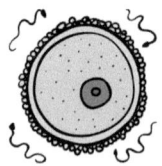

яйцеклітина

vaječná bunka

сперма

semeno

вагітність

tehotenstvo

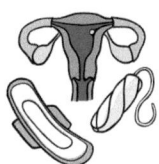

менструація
menštruácia

вагіна
vagína

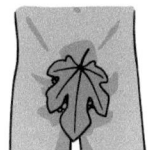

пеніс
penis

брова
obočie

волосся
vlasy

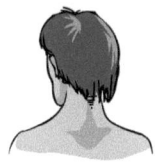

шия
krk

лікарня

nemocnica

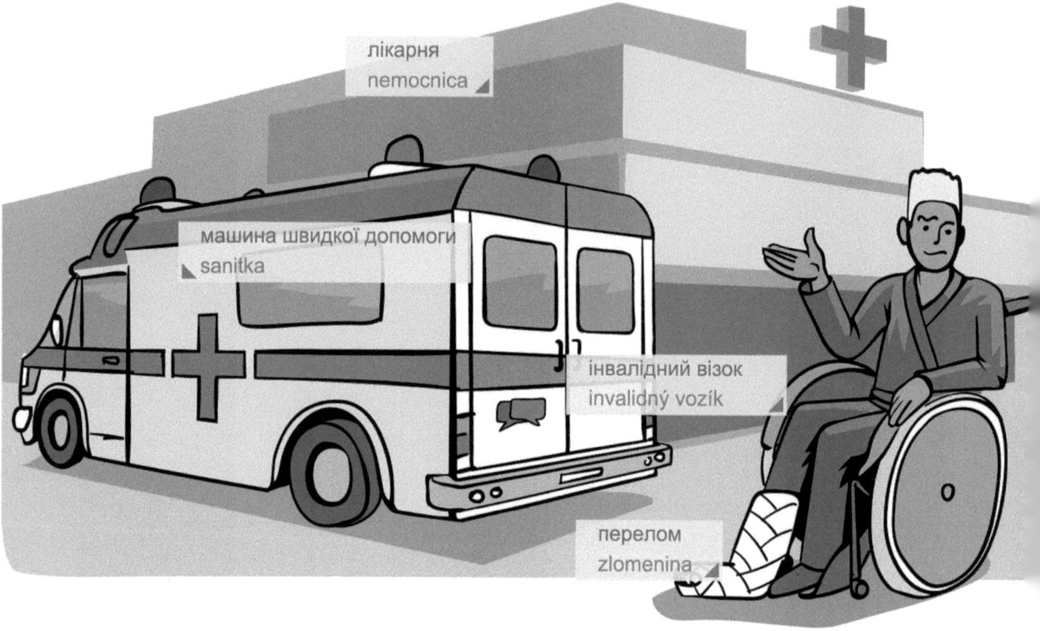

лікарня
nemocnica
машина швидкої допомоги
sanitka
інвалідний візок
invalidný vozík
перелом
zlomenina

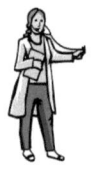

лікар

lekár

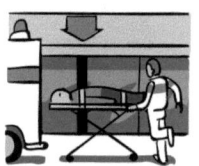

відділення швидкої медичної допомоги

urgentný príjem

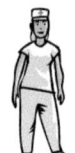

медсестра

sestrička

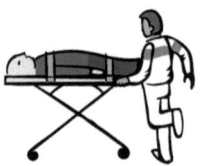

аварійний випадок

urgentný prípad

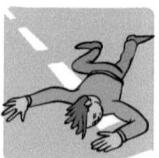

непритомний

v bezvedomí

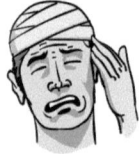

біль

bolesť

травма

zranenie

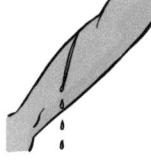

кровотеча

krvácanie

інфаркт

srdcový infarkt

інсульт

mozgová porážka

алергія

alergia

кашель

kašeľ

лихоманка

teplota

грип

chrípka

пронос

hnačka

головна біль

bolesť hlavy

рак

rakovina

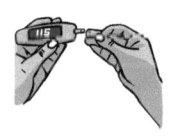

діабет

cukrovka

хірург

chirurg

скальпель

skalpel

операція

operácia

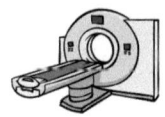

КТ

CT

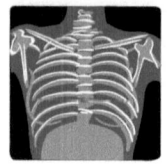

рентген

RTG

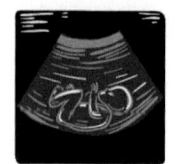

ультразвук

ultrazvuk

маска

maska

хвороба

choroba

зал очікування

čakáreň

милиця

barla

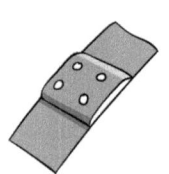

пластир

náplasť

пов'язка

obväz

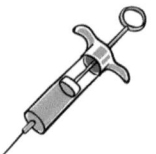

ін'єкція

injekcia

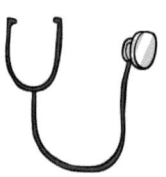

стетоскоп

fonendoskop

ноші

nosidlá

термометр

teplomer

народження

pôrod

надмірна вага

nadváha

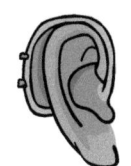

слуховий апарат

audiofón

дезінфікуючий засіб

dezinfekčný prostriedok

інфекція

infekcia

вірус

vírus

ВІЛ / СНІД

HIV / AIDS

медицина

medicína

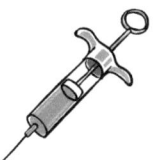

вакцинація

očkovanie

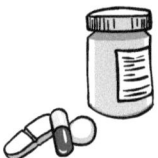

таблетки

tabletky

протизаплідна пігулка

antikoncepčná pilulka

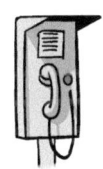

екстрений виклик

tiesňové volanie

тонометр

tlakomer

хворий / здоровий

chorý / zdravý

сигнал тривоги

alarm

напад

prepad

Допоможіть!

Pomoc!

атака

útok

небезпека

nebezpečenstvo

аварійний вихід

núdzový východ

Вогонь!

Horí!

вогнегасник

hasičský prístroj

аварія

nehoda

аптечка

kufrík prvej pomoci

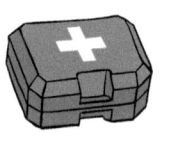

COC

SOS

поліція

polícia

Європа

Európa

Північна Америка

Severná Amerika

Південна Америка

Južná Amerika

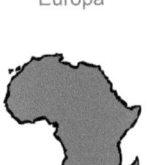

Африка

Afrika

Азія

Ázia

Австралія

Austrália

Атлантика

Atlantický oceán

Тихий океан

Tichý oceán

Індійський океан

Indický oceán

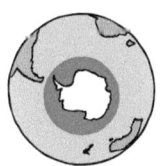

Антарктичний океан

Južný oceán

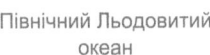

Північний Льодовитий
океан

Severný ľadový oceán

Північний полюс

Severný pól

Південний полюс

Južný pól

Антарктика

Antarktída

Земля

Zem

суша

krajina

море

more

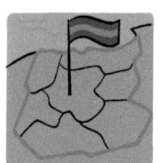

острів

ostrov

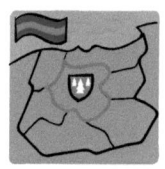

нація

národ

держава

štát

циферблат

ciferník

годинникова стрілка

hodinová ručička

хвилинна стрілка

minútová ručička

секундна стрілка

sekundová ručička

Котра година?

Koľko je hodín?

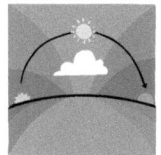

день

deň

час

čas

зараз

teraz

цифровий годинник

digitálne hodiny

хвилина

minúta

година

hodina

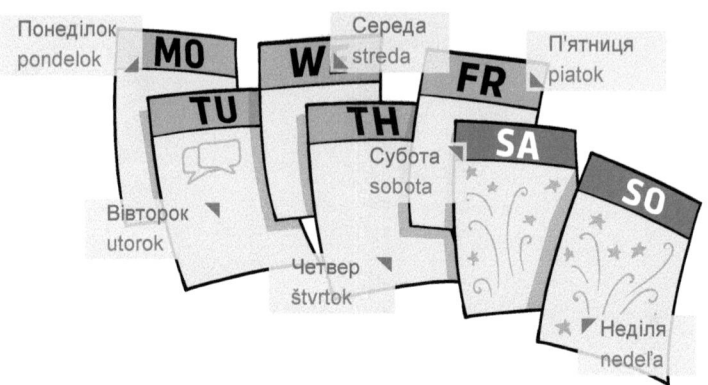

Понеділок / pondelok
Вівторок / utorok
Середа / streda
Четвер / štvrtok
П'ятниця / piatok
Субота / sobota
Неділя / nedeľa

вчора

včera

сьогодні

dnes

завтра

zajtra

ранок

ráno

опівдні

poludnie

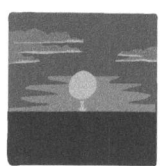

вечір

večer

робочі дні

pracovné dni

кінець робочого тижня

víkend

рік
rok

дощ
dážď
веселка
dúha
вітер
vietor
сніг
sneh
весна
jar
осінь
jeseň
літо
leto
зима
zima

4.APRIL 11°
5.APRIL 4°
6.APRIL 13°
7.APRIL 8°
8.APRIL 10°

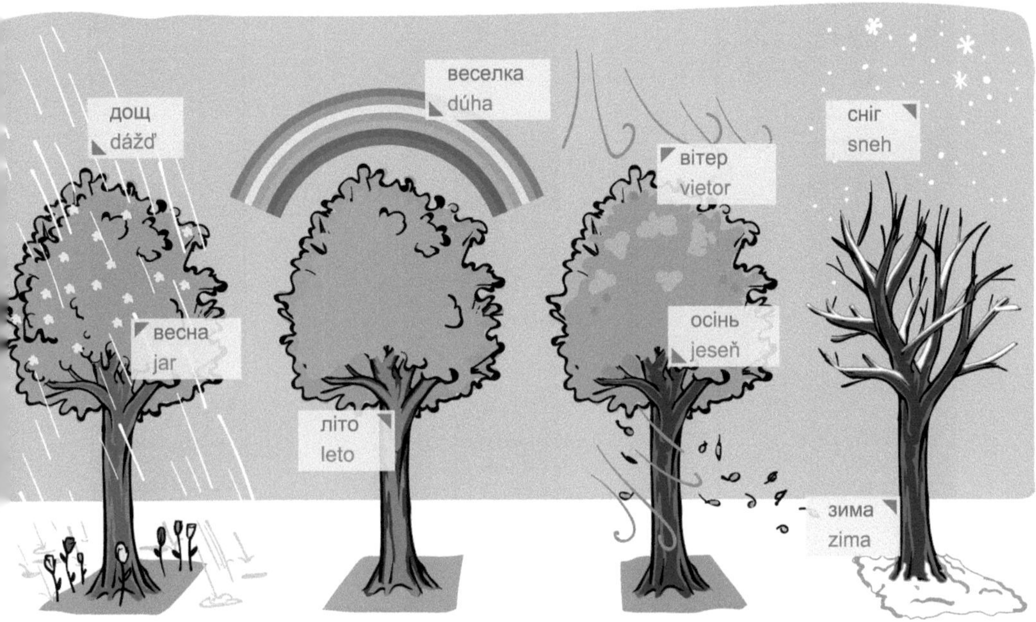

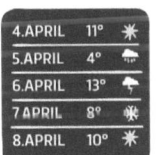

прогноз погоди

predpoveď počasia

F C
120 40
90 30
60 20
30 10
0 0
-30 -10
-20

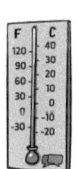

термометр

teplomer

сонячне світло

slnečný svit

хмара

oblak

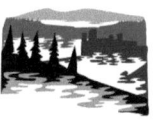

туман

hmla

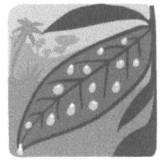

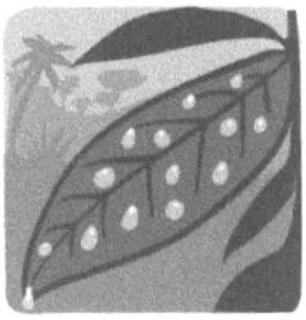

вологість повітря

vlhkosť vzduchu

блискавка

blesk

грім

hrom

шторм

búrka

град

krúpy

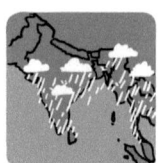

мусон

monzún

повінь

záplava

лід

ľad

Січень

január

Лютий

február

Березень

marec

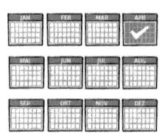

Квітень

apríl

Травень

máj

Червень

jún

Липень

júl

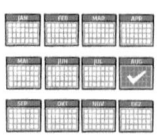

Серпень

august

Вересень
....
september

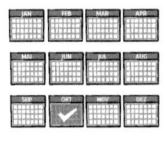

Жовтень
....
október

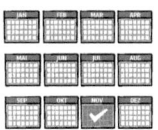

Листопад
....
november

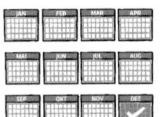

Грудень
....
december

форми
tvary

круг
....
kruh

квадрат
....
štvorec

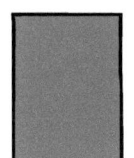

прямокутник
....
obdĺžnik

трикутник
....
trojuholník

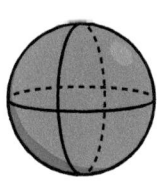

куля
....
guľa

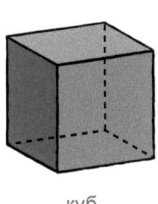

куб
....
kocka

білий

biela

жовтий

žltá

помаранчевий

oranžová

рожевий

ružová

червоний

červená

фіолетовий

fialová

синій

modrá

зелений

zelená

коричневий

hnedá

сірий

šedá

чорний

čierna

багато / мало

veľa / málo

лютий / мирний

zúrivý / pokojný

гарний / бридкий

pekný / škaredý

початок / кінець

začiatok / koniec

великий / малий

veľký / malý

світлий / темний

svetlý / tmavý

брат / сестра

brat / sestra

чистий / брудний

čistý / špinavý

завершений / незавершений

úplný / neúplný

день / ніч

deň / noc

мертвий / живий

mŕtvy / živý

широкий / вузький

široký / úzky

їстівний / неїстівний

chutný / nechutný

злий / дружній

zlostný / láskavý

збуджений / нудьгуючий

vzrušený / unudený

товстий / тонкий

tlstý / chudý

спочатку / востаннє

prvý / posledný

друг / ворог

priateľ / nepriateľ

повний / порожній

plný / prázdny

жорсткий / м'який

tvrdý / mäkký

важкий / легкий

ťažký / ľahký

голод / спрага

hlad / smäd

хворий / здоровий

chorý / zdravý

незаконний / законний

nelegálny / legálny

розумний / дурний

inteligentný / hlúpy

вліво / вправо

vľavo / vpravo

поруч / далеко

blízko / ďaleko

новий / використаний

nový / použitý

нічого / щось

nič / niečo

старий / молодий

starý / mladý

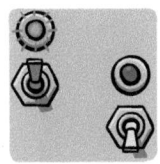

вкл / викл

zapnuté / vypnuté

відкрито / закрито

otvorené / zatvorené

тихо / гучно

tichý / hlasný

багатий / бідний

bohatý / chudobný

правильно / неправильно

správne / nesprávne

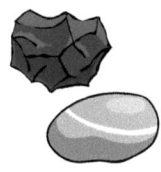

шорсткий / гладкий

drsný / hladký

сумний / щасливий

smutný / šťastný

короткий / довгий

krátky / dlhý

повільно / швидко

pomaly / rýchlo

вологий / сухий

mokrý / suchý

гарячий / холодний

teplý / studený

війна / мир

vojna / mier

протилежності - protiklady

0

нуль

nula

1

один

jeden

2

два

dva

3

три

tri

4

чотири

štyri

5

п'ять

päť

6

шість

šesť

7

сім

sedem

8

вісім

osem

9

дев'ять

deväť

10

десять

desať

11

одинадцять

jedenásť

12

дванадцять

dvanásť

13

тринадцять

trinásť

14

чотирнадцять

štrnásť

15

п'ятнадцять

pätnásť

16

шістнадцять

šestnásť

17

сімнадцять

sedemnásť

18

вісімнадцять

osemnásť

19

дев'ятнадцять

devätnásť

20

двадцять

dvadsať

100

сто

sto

1.000

тисяча

tisíc

1.000.000

мільйон

milión

англійська

anglíčtina

американська англійська

americká angličtina

китайська
високочиновницька

mandarínska čínština

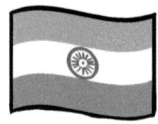

хінді

hindčina

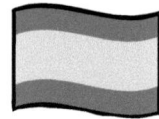

іспанська

španielčina

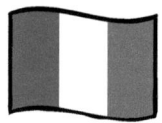

французька

francúzština

арабська

arabčina

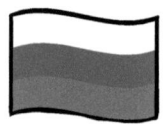

російська

ruština

португальська

portugalčina

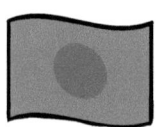

бенгальська

bengálčina

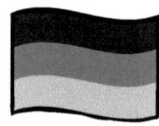

німецька

nemčina

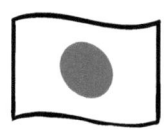

японська

japončina

я
ja

ти
ty

він / вона / воно
on/ona/ono

ми
my

ви
vy

вони
oni

хто?
kto?

що?
čo?

як?
ako?

де?
kde?

коли?
kedy?

ім'я
meno

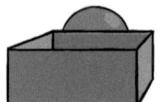

ззаду

za

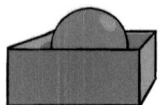

в

v

перед

pred

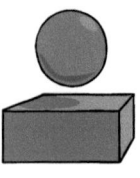

над

nad

на

na

під

pod

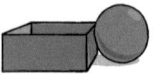

біля

vedľa

між

medzi

місце

miesto